D1090621

Tiburones mako

Nico Barnes

ABDO
TIBURONES
Kids

www.abdopublishing.com

Published by Abdo Kids, a division of ABDO, PO Box 398166, Minneapolis, Minnesota 55439.

Copyright © 2015 by Abdo Consulting Group, Inc. International copyrights reserved in all countries. No part of this book may be reproduced in any form without written permission from the publisher.

Printed in the United States of America, North Mankato, Minnesota.

072014

092014

 THIS BOOK CONTAINS RECYCLED MATERIALS

Spanish Translators: Maria Reyes-Wrede, Maria Puchol

Photo Credits: Corbis, Getty Images, Glow Images, Minden Pictures, Science Source, Thinkstock

Production Contributors: Teddy Borth, Jennie Forsberg, Grace Hansen

Design Contributors: Candice Keimig, Laura Rask, Dorothy Toth

Library of Congress Control Number: 2014938946

Cataloging-in-Publication Data

Barnes, Nico.

[Mako sharks. Spanish]

Tiburones mako / Nico Barnes.

   p. cm. -- (Tiburones)

ISBN 978-1-62970-361-9 (lib. bdg.)

Includes bibliographical references and index.

1. Mako sharks--Juvenile literature. 2. Spanish language materials—Juvenile literature. I. Title.

597.3--dc23

2014938946

Contenido

El tiburón mako

Los tiburones mako viven en
todos los océanos del mundo.
Normalmente se los encuentra
en la **superficie** del agua.

Algunos mako viven cerca de las costas. Otros viven mar adentro.

Los mako tienen los ojos

negros y grandes. Tienen

la nariz larga y puntiaguda.

9

Los mako son tiburones
pequeños pero fuertes.

Los mako están hechos

para la velocidad. Son uno

de los tiburones más rápidos.

Caza

Los mako tienen los dientes largos y finos. Son perfectos para morder a sus **presas**.

Los tiburones mako persiguen a sus **presas**. Las atrapan con los dientes y se las tragan enteras.

Alimentación

Los mako comen muchos
tipos de peces. A veces comen
calamares y tortugas marinas.

Crías de tiburón mako

A los tiburones mako recién nacidos se los llama **crías**. Las hembras dan a luz entre 4 y 16 crías a la vez. Las crías se alejan de sus madres nadando al nacer.

Más datos

- A los tiburones mako se los conoce por saltar muy alto fuera del agua. Pueden saltar más de 20 pies (6 m).

- Los tiburones mako son de los más inteligentes.

- Si un pescador atrapa un pez espada, es muy probable que haya un tiburón mako cerca. Al tiburón mako le gusta comer pez espada, a los dos los atraen los mismos **ambientes**.

Glosario

ambiente – todo lo que rodea y afecta a un ser vivo.

cría – animal recién nacido.

presa – un animal que ha sido cazado por un depredador para comérselo.

superficie – parte de arriba de una masa de agua.

Índice

abdokids.com

¡Usa este código para entrar a abdokids.com y tener acceso a juegos, arte, videos y mucho más!

Código Abdo Kids:
SMK0670